AF230492

JOURNAL

DU SIEGE

de

BARCELONNE

FAIT PAR L'ARMÉE DU ROY

COMMANDÉE PAR

S. A. S. Mᵉ LE DUC DE VENDOSME

EN L'ANNÉE 1697.

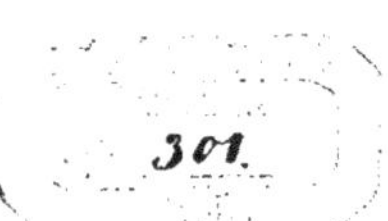

Copié sur le manuscrit appartenant à M. le marquis de PUYSÉGUR, chef d'escadron
au 7ᵐᵉ Chasseurs.

Gravures de M. le baron de MARQUESSAC.

Bordeaux. — Imprimerie de Vᵉ Justin Dupuy et Cᵉ — 1865.

1865

JOURNAL

DU SIEGE

DE BARCELONNE.

Cette Place fut investie le 12 juin; la Tranchée ouverte le 15 du même mois
et la Capitulation signée le 10 aoust.

E Siege de cette place avoit esté résolu en 1694, et Monsieur le Maréchal de Noailles avoit ordre d'y aller après la prise de Palamos, qui devoit en favoriser la communication par terre et par mer. Le combat que ce Général donna sur le bord du Ter aux Espagnols, qui y furent forcés et mis en déroute avant que d'assiéger Palamos, et la prise de cette place moitié d'assaut, moitié à discrétion, étoient d'heureux préludes pour la conqueste de la capitale, où ces nouvelles avoient jeté la consternation, qui étoit d'autant plus grande, qu'on n'avoit point encore pourveu ny à ses fortiffications, ny à ses munitions.

Les faux avis qu'on eut de l'approche de l'armée navalle des alliés, qui s'étoit déjà avancée jusqu'à Cadix, firent prendre aussi de fausses mesures pour le reste de la campagne. On envoya ordre à notre armée navalle de se retirer dans le port de Toulon; et Monsieur le Maréchal de Noailles n'étant plus en état, sans ce secours, d'aller à Barcelonne, marcha du côté de Gironne pour ne pas perdre entièrement le fruit de ses premiers progrès, et il se rendit maître de cette importante place en cinq jours de tranchée, quoyqu'elle eût été beaucoup fortiffiée et qu'il y eût une garnison considérable.

Cette prompte reddition étoit une preuve convaincante du succès que l'on devoit espérer sur l'entreprise de Barcelonne, à quoy la prise de Gironne achevoit de donner les derniers avantages.

La Guerre qu'on appelloit universelle duroit depuis l'année 1688. Toute la Chrétienté, liguée contre la France, s'épuisoit en vains efforts pour lui nuire. Cette union de tant de puissances, de divers intérêts et de diverses religions, ne servoit qu'à illustrer davantage la résistance de ce Royaume, enveloppé de tant d'enne-mis; mais si les alliés mettoient tout en usage pour arriver à leurs fins, qui étoient de rabattre de ce haut degré de puissance et de réputation où la France s'étoit élevée, il est certain aussi que l'on faisoit dans ce Royaume des efforts surnaturels pour s'y mainte-nir, et que cela engageoit le Roy, qui aimoit ses sujets, à désirer une paix qui le tireroit de la nécessité de leur être à charge.

Cependant la sage conduite de Sa Majesté concerta si bien tous ses efforts pendant tout le tems de cette guerre, qu'on conserva non-seulement tout ce qu'on avoit acquis auparavant, et qui fai-soit la jalousie de toutes les nations, mais aussi que le Roy fit

1 . Mont Juich
2 . Bastion double de la Tersanne
3 St. Marie Madrona
4 La Tersanne Arsenal
5 Porte de la Rambla

6 Les Cordeliers
7 Palais du Vice-Roi
8 La Mercede
9 Nostre Dame del Pi
10 Les Carmes

11 St Just
12 Gd. Église St Eulalie
13 L'Inquisition
14 La Galleder
15 Le Barreau

16 St Marie de la Mer
17 St Catherine
18 La Douane
19 La Place d'Armes
20 Porte du Molle

21 Nostre Dame du Mont Serrat
22 Le Molle
23 L'onal

Barcelone
N. de Fer
1718

presque toutes les années de nouvelles conquestes; et qu'enfin, après neuf années de guerre continuelle et sanglante, Sa Majesté se trouva aussi puissante qu'elle ne l'avoit jamais été, et que la France étoit en état d'entreprendre de tous côtés, comme Sa Majesté fit effectivement, pour donner plus de relief à la modestie de la paix qu'elle avoit projetté de faire pour le repos de ses peuples.

Le Roy avoit, au commencement de l'année 1697, cinq armées considérables par terre, sans faire mention des troupes de la mer, ny de celles qui étoient destinées à la deffense des côtes et des villes frontières. Les Maréchaux de Villeroy, de Bouflers et de Catinat, commandoient chacun une armée, et les trois ensemble faisaient plus de cent cinquante mille combattants; Monsieur le Maréchal de Choiseüil commandoit celles des frontières d'Allemagne, et Monsieur le Duc de Vendosme celle qui étoit destinée pour la Catalogne.

Ces Armées s'assemblèrent toutes et furent en état d'agir pour l'offensive dès le printemps. On crut long-tems que l'armée de Monsieur de Catinat, qui nous étoit revenuë d'Italie par la paix du Duc de Savoye, agiroit sur le Bas-Rhin. Le pays de Cleves et de Julliers s'attendoient de l'avoir sur les bras : on parloit de luy faire faire le siege de Mayence, et lorsqu'elle se raprocha de la Flandres, les ennemis craignirent pour Namur et même pour Bruxelles; mais à la fin, elle tomba sur Ath, pendant que les deux autres armées de Messieurs les Maréchaux de Villeroy et de Bouflers la couvroient contre les entreprises du Prince d'Orange et de l'Electeur de Bavière, qui commandoient deux armées capables de troubler ce siege. Cette place, la mieux fortiffiée des Pays-Bas, fut emportée en quinze jours de tranchée ouverte, et les ennemis en sortirent le 7 juin.

Voilà le premier coup que la France donna cette année à ces ennemis, qui ne tendoit qu'à leur faire connoître sa puissance et le mépris qu'elle faisoit de leurs forces, pendant qu'ils se faisoient prier d'accepter une paix avantageuse qu'elle leur offroit.

Le Duc de Savoye avoit déjà fait sa paix en Prince qui savoit tirer bon parti des bonnes dispositions où il avoit trouvé le Roy à son égard. Le Prince d'Orange, non moins politique, se disposoit aussi à faire son traitté avec tout le mistère et la conduite possible, comme un Prince qui ne devoit pas moins obtenir par là, que d'être reconnu Roy légitime de trois grands Royaumes qui ne luy appartenoient encore que par la raison du plus fort.

Les Hollandois s'ennuyoient de faire une guerre qui leur coûtoit beaucoup et à laquelle ils ne gagnoient rien : il ne restoit à surmonter que la fierté de la maison d'Autriche, qu'on étoit sûr d'accabler par sa partie faible, qui étoit l'Espagne. C'est pourquoy dans le même tems qu'on assiégeoit Ath, en Haynaut, le Roy avoit donné ses ordres à Monsieur de Vendosme pour faire le siege de Barcelonne, en Catalogne, et ce fut la prise de cette importante place qui détermina enfin les Espagnols à accepter une paix dont les propositions traisnoient depuis long-tems.

Le 25 May, le Duc de Vendosme, après avoir fait assembler l'armée du Roy à Villobi, à deux lieuës au deça de Gironne, vint camper à Massanet.

Voicy l'ordre de bataille de l'armée et les troupes qui la composoient en entrant en campagne.

M. LE DUC DE VENDOSME.

Première ligne.

M. LE GRAND PRIEUR.

Aisle gauche.				Aisle droite.
Lts généraux, M. De QUINSON.		M. LE GRAND PRIEUR.		M. De CHASERON.

Aisle gauche. — Lts généraux, M. De QUINSON.

Mx de camp, **Mrs de MAILLY & de LEGALLE.**

Dragons. — Cavalerie. — *Brigadiers :* M. Dubreuil.

	escad.		escad.
Legal. ... 4			
Valençay... 4	Ruffé ... 2		
Dubreuil.... 4	Vienne.... 4		
8	**10**		

Mr de PRECHAC.

Infanterie. — MM. de Chartogne, de Novion et de Chemeraut.

	bat.		bat.		bat.
Vauge.... 1	Bretagne. 1	Sourches. 1			
Cotentin. 1	Spaure ... 2	Solre...... 1			
Senlis.... 1	Milly...... 1	Dilon..... 1			
4	**4**	**3**			

Mr de GENLIS.

Infanterie. — MM. de Lautrel, de la Massaye et de Chassagne.

	bat.		bat.		bat.
Vendosme....... 1	Touraine. 1	La Marine.. 3			
Reyne d'Anglre. 2	Isle de France. 1	Baurois 1			
Clancarty. 1	Cabanac. 1				
4	**3**	**4**			

MMrs de VARENNE & de SIBOUR.

Cavalerie. — Dragons. — MM. de Courcelles et du Camboust.

	escad.		escad.
Carabiniers.. 5			
Bercourt..... 2	Bretagne.... 4		
Vendeuil..... 4	Fomboisard. 4		
11	**8**		

Seconde ligne.

M. D'HUSSON.

Lts généraux, M. De BARBEZIÈRES.			M. De COIGNIES.

Mx de camp, **Mr de St-MAURICE.**

Brigadiers : M. de Sibour.

Courtandon..... 4		
Sibour 4		
8		

Mr de NANCLAR.

M. de Cheberd.	M. de Poudens.
Leper de Chelbert. 1	Medoc.......... 1
Manuel............. 4	Gastinois...... 1
5	2e de Chelbert. 1
	Nisais. 1
	4

Mr le chev. de la FARE.

M. d'Ioul.	M. de Caixon.
Périgord................ 1	Alsace.................... 4
Royal Danois.......... 2	Caixon................... 1
Couvville............... 1	**5**
4	

Mr de PUYSEGUR.

M. de Narbonne.

Desclos........................ 4
Narbonne 2
6

Réserve.

M. De POITIERS.

Royal Artillerie .... 1 *bataillon.*	Dragons de Poitier. .... 4 *escadrons.*	M. Ferrand, *major général et brigadier.*
Miquelets............................... 1 *bataillon.*	Dragons à pied de la Reyne d'Angleterre............................... 1 *bataillon.*	M. d'Imecourt, *aide-major général.*
Et la compagnie de mineurs de M. Esprit.		M. de Brusac, *maréchal général des logis.*

Total des bataillons.............................. 43 qui font.......... 22,000 hommes de pied.

Total des escadrons....... { de cavalerie....... 35 / de dragons........ 20 } 55 qui font.......... et 6,000 chevaux.

Le 26 May, Monsieur de Vendosme ayant appris que les ennemis avoient abandonné les retranchements qu'ils occupoient l'année dernière près d'Ostatrie, qu'ils avoient razé les fortiffications
de cette ville, démoli les portes, brûlé les palissades, et s'étoient
retirés du côté de Barcelonne, partit de Massanet pour venir camper à Ostatrie, où des prisonniers lui confirmèrent que le Land-
grave de Darmstat et le Marquis de Grigny, qui commandoit la
cavalerie d'Espagne, étoient restés à San Saloni, avec trois mille
chevaux et quelque cavalerie. Il fit continuer la marche, et y
vint camper le même jour. En y arrivant, il apprit que les troupes du Landgrave de Darmstat étoient en bataille au delà d'un
pont, à un quart de lieuë de San Saloni.

Le 27 May, le sieur de Fontboisard, à la tête de quatre cents
chevaux carabiniers et dragons et quelques miquelets, trouva six
cents chevaux et quatre cents hommes de pied des ennemis, qui
se présentèrent pour luy disputer le passage du pont, et étoient
soutenus par d'autres corps de cavalerie et d'infanterie postés à
couvert, dans le dessein de nous envelopper. Nos troupes poussèrent vigoureusement les ennemis, et s'ils eussent pénétré leur dessein, ils auroient pu défaire et enlever ceux qui deffendoient le
passage ; mais les troupes embusquées leur firent quitter prise. Le
Duc de Vendosme ayant fait soutenir nos troupes par quelques
escadrons, les ennemis furent forcés d'abandonner le poste : ils y
perdirent plus de cent hommes et on fit soixante prisonniers. Nous
n'y eûmes que cinq ou six hommes de tués et un capitaine de carabiniers, nommé Fourquevaux, dangereusement blessé ; ils ne
firent plus dans la suitte de résistance aux autres défilés. Notre

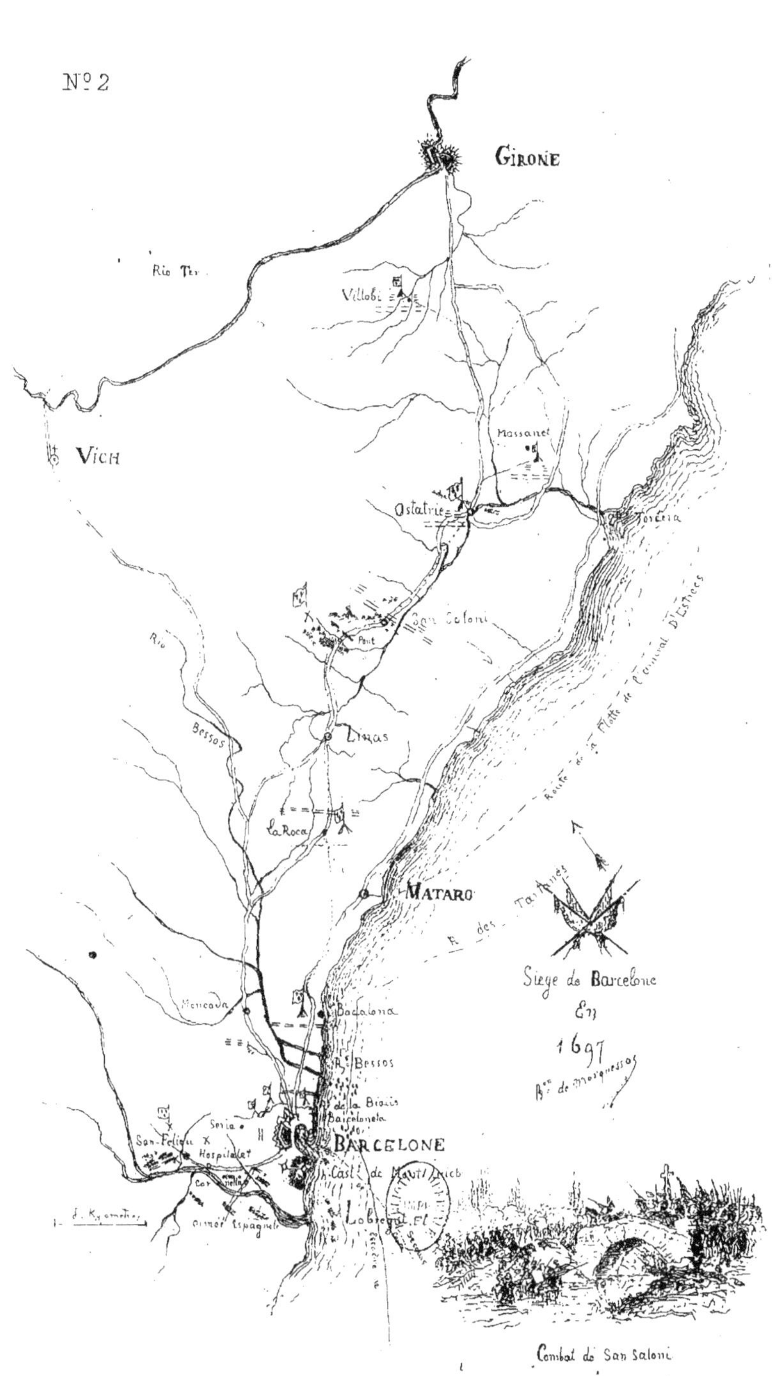

Combat de San Saloni

armée étoit obligée seulement de se tenir serrée, n'y ayant point de sûreté pour ceux qui s'écartoient.

On Séjourna quelque tems dans le camp de San Saloni, en attendant des nouvelles de l'armée navalle, sans laquelle on ne pouvoit se présenter devant Barcelonne, parce qu'elle portoit des troupes d'augmentation, qu'elle devoit bloquer la place par mer, pendant qu'on l'investiroit par terre, et qu'elle étoit chargée de presque tout l'attirail nécessaire au siege.

Le 31 May, le Duc de Vendosme eut avis que le Comte d'Estrées étoit arrivé ce jour là à la rade de Mattaro, avec les vaisseaux de guerre et une partie des provisions et des munitions de l'armée qui vint camper le soir à la Roca.

Le 4 Juin, le Duc de Vendosme ayant appris que les Galères étoient arrivées à Palamos, envoya ses ordres pour les faire avancer plus près de Barcelonne.

Le 6 Juin, l'armée vint camper à Badalona, qui n'est éloigné que d'une lieuë et demie de Barcelonne. Les ennemis, nous voyant si près, se séparèrent et prirent le parti·d'envoyer leur cavalerie au delà de la rivière de LLobregat, au nombre d'environ quatre mille chevaux commandés par Don Francisco Antonio Fernandez Velasco, Viceroy de Catalogne, pour tenir la campagne ; et leur infanterie, au nombre de douze mille hommes, entra dans la ville, du nombre desquels il y avoit quatre mille cinq cents Allemands commandés par le Prince d'Henmenstad. Le Comte de la Corsané étoit Gouverneur de la place, et Monsieur de Pimentel, Marquis de la Floride, y commandoit l'artillerie ; il avoit été Gouverneur de Charleroy lorsqu'on le prit en 1693. Le même jour, sixième juin, le Comte d'Estrées, vice-amiral de France, vint moüiller à Badalona avec sa flotte nombreuse de cent cinquante bâtimens ; elle apportoit un grand nombre de canons et de mortiers, des munitions en abondance, de la farine pour nourir l'armée quatre mois, et de l'avoine environ pour six semaines.

CETTE ARMÉE de mer n'étoit composée que de neuf vaisseaux de guerre, une frégatte, trois galiottes à bombes, une flute et trente galères.

ORDRE DE BATAILLE

au plus près du vent.

VAISSEAUX.

Capitaines.	Vaisseaux.	Canons.	Galiottes.	Flute.
Le chevʳ de Fourbin	*L'Heureux-Retour.*	50		
de Pals	*Le Content*	54	*La Proserpine.*	
d'Essertaux	*L'Entreprenant*	54		
Delcampe	*Le Vaillant*	50		

Monsieur le Comte d'Estrées, vice-amiral.

M. des Chiens			*La Salemandre.*	*La Baleine.*
Trulet	*Le Sérieux*	58		
de Champigny	*Le Trident*	50		
Girardin	*Le Volontaire*	40		
Desfrancs	*Le Marquis*	56	*Le Vulcain.*	
de la Boissière	*Le Neptune*	50		
le baron de Coms	*Les Armes de Velasques.*			

GALÈRES.

Galères.	Capitaines.
la Patrone	M. le Bailly de Noailles, lieutenant-général des galères, et le chevalier Clément.
l'Invincible	de Montolieu, chef d'escadre.
la Sireine	le marquis de Folville, chef d'escadre.
la Grande	le marquis de Fontanés.
la Belle	le comte du Beuil, chef d'escadre.
la Fidelle	le chevalier de Montouron.
la Galante	Dantigny.
la Souveraine	de Savonières.
la Realle	le chevalier de la Fare.
la Fleur de Lis	le comte du Luc.
la Couronne	le chevalier de Bousseville.
la Perle	le chevalier de Tincourt.
la Fière	le chevalier de Seguiran.
la Renommée	le chevalier de Canjus.
l'Héroïne	de Barras.
la Guerrière	le chevalier de St-Michel.
la Conquérante	le chevalier de Courtebonne.
la Gloire	le marquis de Villeron.
la Madame	de Serignan.
la Magnifique	de Manse Mongut.
la Fortune	le chevalier de Fontet.
la Valleur	M. du Vivier, chef d'escadre.
la Favorite	le chevalier de Pennes.
la France	le chevalier de Sabran.
la Magnanime	de Soissans.
la Dauphine	de Manse la Vidale.
la Brave	le chevalier de Valencé.
la Forte	de Combaud.
l'Illustre	le chevalier de Lery.
la Hardie	de Bernage.

Major des galères : BOMBELLES.

Aydes Majors : MONCRIF, CHASTELIER D'ARCHIMBRUN.

Les vents du sud et du sud-est, autrement dits de mezzo giorno, qui régnèrent pendant tout le mois, faisoient tellement enfler la mer sur le rivage, qu'il y eut beaucoup de difficultés au débarquement des troupes et des munitions : ce qui retarda de quelques jours l'ouverture de la Tranchée. Cependant les troupes débarquèrent le 13 juin , sçavoir : un bataillon des vaisseaux commandé par Monsieur de Jonquère , inspecteur des troupes de la marine en Levant ; cent gardes de la marine , commandés par Monsieur Désertaux, et cinq bataillons des Galères,

Sçavoir :

Le Triton.......... commandé par le Comte du Luc.

L'Orient. .... par Monsieur de Sabran.

L'Amphitrite. ..... par le Chevalier de Courtebonne.

L'Isle d'Ouessant. par le Chevalier de Bousseville.

Et l'Isle de Ré..... par le Chevalier Clément.

Lorsque toutes ces Troupes eurent joint l'armée , elle étoit de trente mille hommes et plus.

L'on débarqua tout de suite trente-quatre pièces de canon de vingt-quatre livres.

Douze pièces de seize livres.

Vingt mille bombes.

Cinq cent milliers de poudre.

Vingt mille boulets.

Dix mortiers de douze pouces de diamètre.

Vingt-trois autres mortiers de 6, 7, 8 et 9 pouces.

Trente mille sacs de farine.

Six mille sacs de bled.

Dix-sept mille sacs d'avoine et quantité d'outils et sacs à terre.

Outre ces munitions de guerre et de bouche qui arrivèrent par mer dans un grand nombre de Tartanes et de barques qui étoient à la suitte de l'armée navalle , au nombre de plus de deux cents,

On avoit encore conduit par terre une artillerie de campagne, et tiré tout ce qu'on avoit pu des places de Roussillon qu'on avoit tout à fait épuisées de canons, poudres, outils, etc., qu'on embarqua à Collioûvre , à Roses et en d'autres petits ports ; il n'étoit même resté que six cens hommes dans Gironne, et Perpignan étoit gardé par les bourgeois.

Le Corps des officiers d'artillerie étoit commandé par Monsieur Dandigné, lieutenant d'artillerie et brigadier d'infanterie. Les commissaires étoient partagés en trois brigades commandées par trois commissaires provinciaux,

Sçavoir :

Blessés ordinaires. — Première brigade.

Monsieur d'Allard, commissaire provincial.

Le Chevalier d'Allard.

D'Allard de Riousset.

Piot du Chiloy.

Delbigny.

Blessés extraordinaires.

De l'Isle.

Fleurimont.

Foureau.

De Cappe d'Issel.

Chevreau, officier pointeur.

Tués ordinaires. — DEUXIÈME BRIGADE.

Monsieur de St-Paul, commissaire provincial.

La Lande.

Des Bois Guiton.

Gautier de Varenne; *blessé*.

De Grossolles; *tué*.

Blessés extraordinaires.

Le Chevalier de Grossolles.

De Rinay.

Taimbrune.

Tués ordinaires. — TROISIÈME BRIGADE.

Monsieur Rigoleau, commissaire provincial.

Marange.

Du Froc.

La Boissière.

Narbonne.

Dumesnil; *blessé*.

Faure; *blessé*.

Dumont, major.

Larrivée, La Bordinière, commissaires du parc.

LE CORPS DES INGÉNIEURS étoit commandé par Monsieur Lappara, brigadier d'infanterie et ingénieur général de l'armée; *blessé*.

Ses aydes étoient :

Monsieur Ferry, ingénieur général de Guyenne.

Monsieur Esprit, capitaine des mineurs ; *tué*.

Il y avoit six brigades d'ingénieurs , dont il en montoit deux par jour.

PREMIÈRE BRIGADE.

Monsieur Rousselot, brigadier ; *contusé*.

La Vergne, sous–brigadier ; *tué*.

Barbé, chef de brigade ; *tué*.

Le Chevalier du Verger.

Duplessis.

De Louvières.

Gombert.

Gaulet, des vaisseaux.

Raucourt, volontaire.

DEUXIÈME BRIGADE.

Monsieur de Saint-Louis, brigadier.

Monsieur de Meun la Ferté, sous-brigadier.

Saint-Julien, chef de brigade.

Bouillet ; *tué*.

Pené.

Bouchard l'aîné ; *tué*.

Huot.

Saint–Jean, volontaire.

TROISIÈME BRIGADE.

Monsieur Noblesse, brigadier.

Daubigny, sous–brigadier ; *tué*.

Iablier, chef de brigade.

Pivert ; *blessé*.

Bertrand, major ; *blessé*.

Charier,

Dunesat ; *tué*.

QUATRIÈME BRIGADE.

Monsieur Robert, brigadier ; *blessé.*

Beauregard, sous-brigadier ; *blessé.*

Lebré, chef de brigade ; *tué.*

Madaillan.

Constantin ; *blessé.*

Chastillon.

L'Etoffé ; *blessé.*

CINQUIÈME BRIGADE.

Monsieur La Beirie, brigadier ; *tué.*

Losier d'Astier, sous-brigadier.

Burette, chef de brigade.

Tourondel.

Guilain.

Baptiste d'Asté.

Lezeau ; *blessé.*

SIXIÈME BRIGADE.

Monsieur Tardif, brigadier.

Morel, sous-brigadier ; *tué.*

Dampierre, chef de brigade.

Ricord ; *tué.*

Dubut ; *tué.*

Campin ; *tué.*

Bouchard le cadet.

Barville, volontaire.

Pendant que l'on se disposoit à ouvrir le théâtre de cette expédition à force ouverte, Monsieur Trobat, Intendant de Roussillon et cy-devant Intendant de Catalogne, crut qu'après avoir fait espérer une revolte géneralle à l'approche de notre armée, à quoy on ne voyoit point d'autre disposition, sinon qu'on s'y preparoit à se bien deffendre. Il devoit faire une tentative par escrit pour ayder à determiner les ennemis à ce dont il s'étoit flatté : fit courir des placards dont voicy la teneur :

ALLERTE, ALLERTE ! sages et prudes Catalans. C'est à present que nous devons faire connoitre que c'est avec justice que le Conseil de Cent de notre très noble ville de Barcelonne porte le nom de sage ; l'occasion d'exercer notre prudence et de reconnoître l'état où la superbe nation castillanne nous a mis est arrivée. Nous sommes sur le bord du précipice où leur malice nous a plongé ; pratiquez, sage Conseil, les moyens les plus certains de vous en tirer : vos resolutions ont conservé cette fameuse et noble ville. Quel malheur si dans votre Consulat vous vous laissiez tromper comme une autre Troye pour avoir crû aussy facilement à de vaines esperances que l'on vous donne : Ce n'est plus le temps de se laisser éblouïr par des promesses qui ne sont que des idées sans aucun fondement ! Quelle récompense avons-nous eû de la demolition de nos maisons et édiffices que l'opiniâtreté castillane nous cause depuis six années ? Qui redifiera nos maisons lorsqu'elles seront encore demolies ? La perte en sera plus grande et la recompense égale à celle du passé. Nous n'avons pas besoin de donner des exemples de fidélité envers cette nation ; mais nous avons sujet de croire que ce sera toujours pour eux comme des bonnes œuvres faites en état de peché qui n'ont aucun merite. Quelle erreur d'esperer que les Castillans nous deffendrons lorsque nous avons les armées de France aux portes de notre fameuse ville, puisqu'ils n'ont pas sçeu le faire en étant esloignez de trente lieuës, publiant tous les jours qu'ils ne se soucient point de nous perdre et que notre ruine fera la satisfaction de leur nation !

Quels services cette fameuse ville n'a-t-elle pas rendus depuis près quarante-cinq ans ? Quelles occasions a-t-elle manqué d'ouvrir ses trésors pour entretenir leurs armées, payer la dépense des équipages, des vivres et de l'artillerie pendant huit campagnes, sans que les Castillans s'en soient servy pour deffendre un seul hameau de cette grande province, ny donner d'autre recompense qu'un titre de vanité que le vent emporte ?

Ils ont seduit partie des paysans de Cathalogne pour les obliger de prendre les armes et à faire des actions barbares contre ceux que nous devions considerer comme nos veritables protecteurs, par le bon ordre et la bonne discipline qu'ils font observer dans leur armée. Ces mêmes peuples, que les Castillans devoient considerer pour avoir commis des violences à leur persuasion, ont été obligez de payer et nourrir cinq regimens d'infanterie et de cavalerie, le quartier d'hiver de l'année 1697, payer de fortes contributions aux commandans ; et ce dans le temps que ces misérables peuples n'avoient pas de quoy nourrir leurs enfants, et que trente regimens françois payoient dans le Lampourda, païs de l'obéissance de France, jusqu'à une obole de tout ce qu'ils prenoient, sans rien exiger ny par contribution ny autrement ; cela n'est pas extraordinaire à cette nation, puisque pendant toutes les campagnes elle en a usé de même, et lorsqu'il y a eu quelque désordre de la part des soldats, ils ont été corrigés par des punitions exemplaires, et les églises se sont ressenties de leurs liberalités.

Nous avons tout sujet de connoître les François ; nous devons à cette nation et aux bontez des Roys très chretiens tous nos priviléges ; nous devons nous souvenir de l'année 1640 et de l'oppression où les Castillans nous avoient mis. La fermeté, la constance et les forces des François se font bien connoître à présent par les victoires continuelles qu'ils remportent contre toutes les forces de l'Europe liguées ensemble. Peut-on voir quelque chose de plus glorieux et de plus grand que ce que nous voyons presentement dans notre païs? Des armées formidables par terre et par mer commandées par un Prince du sang suivy de la meilleure Noblesse de la France et des plus belles troupes de l'Europe, abondantes de toutes sortes de vivres, munies de tout ce qui est necessaire pour une conqueste, vivant avec ordre et une discipline réglée. Pouvons-nous douter après cela de la reüssite de leur entreprise ? Ce seroit voulloir se tromper soi-même que de la croire incertaine.

La justice les accompagne partout ; les peuples de leur domination sont dans une tranquillité profonde au milieu de la guerre; on ne s'apperçoit pas en Roussillon, depuis neuf années consecutives de guerre, qu'une seule compagnie d'infanterie y soit passée. Perpignan est embelly d'édiffices, peuplé de nobles et riches habitans, dans le tems que nos villes et cittez sont presque toutes desertes et nos maisons ruinées sous la domination castillane.

Il n'y a pas dans le Roussillon un seul champ inculte, et nos campagnes de Catalogne sont desertes ; l'or et l'argent roulle par tout le Roussillon, et nous n'en voyons que celuy qui provient de notre travail pour l'employer à l'entretien et subsistance de cette superbe nation castillane ; la justice s'exerce également en Roussillon sur les François et sur les habitants du païs, et pour nous autres il n'y a que le gibet, sans que jamais un Catalan ait raison contre un Castillan.

A quoy peut servir notre resistance, qu'à nous faire tomber dans une ruine inévitable ? Seroit-il juste de voir perir nos enfants, nos maisons demolies, nos libertez perduës, nos priviléges viollez, pour avoir oppiniâtrement soutenu une injustice en faveur d'une nation qui, croyant que tout luy est dû, n'a jamais eu la justice en partage ?

Dieu a souvent fait des miracles pour nous par l'intercession de notre Patronne Sainte Eulalie, et le plus singulier a été celui qui nous a delivré de la fureur avec laquelle la nation castillane vouloit nous exterminer.

Soiez donc sage, Conseil de Cent, attentif à la raison, évitez le peril qui nous menace, songez à nous delivrer de l'oppression castillane : embrassons avec instance le party du Protecteur de notre liberté ; conservez la vie de tant d'innocents, les biens de tant de misérables personnes et l'honneur de nos femmes, par une prompte soumission, laquelle nous ne sçaurions trop achepter.

Les ennemis qui n'étoient pas trop convenus avec Monsieur Trobat de cette revolte, ayant fait reflection au danger que Barcelonne avoit couru en 1694, avoient travaillé serieusement à la fortiffier.

Comme Barcelonne est une grande ville et que cette nation

n'est pas si vive en travaux que nous, il y avoit encore bien des choses imparfaites ; mais il y en avoit aussi beaucoup de commencées, et plusieurs en assez bon état.

Ils avoient adjouté quelques bastions au corps de la place pour le flanquer ; mais ces bastions nouveaux, dont la base étoit de bonne massonnerie, n'avoient été élevez que de placage au dessus de cette base, et on achevoit d'en dresser les remparts et parapets quand nous y arrivâmes.

Ils avoient aussi fortiffié les remparts et les parapets du corps de la place le mieux qu'ils avoient pu et supprimé en bien des endroits les saillies des tours, et en leur place avoient prolongé le revetement de la courtine par leur gorge ; ce qui leur réussit mal dans la suite, parce qu'on se servit de ces endroits de massonnerie nouvelle pour entamer plus aisément les courtines.

Ils avoient commencé un fossé de dix-huit à vingt pieds de profondeur et de quinze à seize toises de large autour de ce bastionnement qui étoit plus des trois quarts fait.

Mais ce qu'ils avoient fait de mieux étoit un chemin couvert de cinq toises de large parfaitement bien conduit et razant, non enfilé, qui étoit presque achevé dans le circuit de cette grande ville sans interruption, auquel même ils mirent la dernière main pendant le siége. Ce chemin couvert étoit palissadé de palissades de brin de chesne d'environ six pouces de diamètre, posées comme les nôtres sur la banquette et debordans d'un pied et demi hors du parapet qui étoit revêtu de placage.

On achevoit les traverses du chemin couvert à notre arrivée, à l'exception de la partie que nous attaquâmes dans la suitte, au front de la Porte neuve qui étoit achevé dès l'année 1695.

Quoy que Barcelonne soit de la grandeur d'Orléans ou de Bordeaux, que la circonvallation en soit par conséquent très grande, et par là hors de la portée de nos petites armées, ils avoient encore étendu cette circonvallation du double, en adjoutant au fort du Montjouy, qui est sur une hauteur qui commande la ville, de nouveaux ouvrages et un agrandissement bastioné, qui occupoit très bien le sommet de la hauteur, et dont le chemin couvert plongeoit parfaitement sur toutes les avenuës de cette montagne, et couvrait le pied de cette hauteur et de cette nouvelle enceinte, dont la partie faite étoit de bonne massonnerie; et enfin ils avoient adjouté une nouvelle batterie au bout du Mole et l'avoient fermée par derrière : ce qui tenoit aussi nos vaisseaux et nos galères fort au large, avec l'ayde de trois redoutes qu'ils avoient encore sur le rivage, mais surtout de celle qui étoit la plus éloignée et qu'ils gardèrent pendant tout le siége.

Avec cette disposition, notre armée navalle avoit mouillé à la côte du Nord, et assez loing pour être hors de portée de ces batteries, et protégeoit en cet endroit la place destinée aux débarquemens de tout ce qui arrivoit au siege ; mais du surplus ne faisoit point d'enceinte devant la ville, on avoit seulement détaché deux vaisseaux qui tenoient le large du côté du sud et du sud-ouest, pour avoir des avis de l'arrivée de la flotte ennemie, afin de n'être point surpris dans la retraitte qu'il auroit fallu faire ; et on envoyoit aussi tous les jours quatre galères à l'embouchure du LLobregat, au dehors du Montjouy, pour empêcher les petits secours qu'on auroit hazardé de faire entrer par mer dans la place. Au reste, rien n'empeschoit que la nuit d'un bon vent tout ne pût entrer dans le port à cause d'un grand espace de près d'une lieuë qui étoit vuide au devant.

Notre armée étoit encore campée le 9 Juin à Badalona, où le Duc de Vendosme eut avis que les ennemis avoient jetté dix mille hommes de pied et mille chevaux dans Barcelonne, où le Land-grave de Darmstat s'étoit enfermé pour la deffendre. Le reste de l'armée des ennemis, qui consistoit en deux mille chevaux et quatre mille fantassins, s'étoit retiré au delà de la rivière de LLobregat ; ils avoient un autre corps de huit cents chevaux et d'un pareil nombre de fantassins du côté de Vic, sous les ordres d'un officier de reputation pour tâcher d'incommoder notre armée par les derrières. Le Duc de Vendosme faisoit observer une si exacte discipline, faisant punir les soldats qui commettoient le moindre desordre, que les habitans de la campagne apportoient dans le camp en abondance toutes sortes de rafraîchissemens.

Le 12 Juin, le Duc de Vendosme fit marcher l'armée pour aller devant Barcelonne. Le Comte de Mailly, maréchal de camp de jour, fut chargé de l'investissement de la place, et il s'empara de tous les postes qu'on avoit resolu d'occuper.

Notre armée fit son enceinte dont la ligne passoit à douze ou treize cents toises de la place, à l'exception qu'au quartier de la marine elle étoit plus éloignée, tant par les commoditez qu'on avoit trouvé de ce côté là, pour les magazins des vivres, que pour être plus proche de l'armée navalle, qui étoit esloignée pour être hors de la portée des batteries des ennemis.

On continua de camper et de poster les troupes à commencer

du bord de la mer que la marine et les magazins occupoient jusques vers le village de Seria, où notre ligne finissoit, qui est à
une petite lieuë de la mer du côté du Montjouy ; et cet espace qui
étoit le côté du dedans de l'Espague, resta ouvert pendant tout le
siége, d'autant plus avantageusement pour les ennemis, que le
LLobregat qui s'embouche dans la mer, à la portée du canon du
Montjouy, couvroit le camp volant qu'ils avoient gardé au delà
pour la facilité de leurs convois.

Le 13 Juin, Monsieur Delapara, avec plusieurs officiers généraux et ingénieurs, fut occupé à reconnoître la place. On fit ce
jour là et les suivants divers raisonnements sur le choix de l'attaque. Monsieur de Vendosme se determina à faire attaquer la ville
preferablement au Montjouy. On n'avoit point, à la vérité, trop
reconnu l'état où étoit ce fort, et on n'en fut bien instruit qu'après
la prise de cette place ; mais indépendamment de cela, ce qui luy
fit prendre ce parti, c'est qu'étant incertain de l'arrivée de l'armée
navalle des ennemis, il luy étoit important d'avoir pris la ville
avant qu'elle parût, à cause du port dont cette prise le rendoit
maître ; au lieu que si après la prise du Montjouy la flotte des
ennemis fût entrée dans le port, on auroit été obligé de lever le
siége ; ainsi, pour ce choix là, on le doit tout entier à ce raison-
nement de politique, et non à aucun autre principe militaire.
Mais quant à la preferance de l'attaque de la ville d'un côté plus-
tôt que d'un autre, on la doit premièrement au hazard de la possession du couvent des capucins, auquel on s'étoit avancé comme
au poste le plus considerable, de ce qui étoit entre nous et la
ville ; comme il était grand et spatieux, il étoit infiniment pro-

N° 3

queue de Tran-
chée
13 juin Capucins

Parc enclos

ouvrage a
corne de la
porteuse

Entrevue
des Généraux
Couvent de Jesus

Cassine

B.on S.t Pierre

Flotte du C.te
D'Estrées

R.d de la Bralefe

Pont

Douane
Tour   Jean

B.on du Levant
Palissade

B.on du Midi

15 au Soir

Mole

Tour du Mole   B.

Porte de Mer

B.on S.t François

Tour des Puces
Porte S.te Eulalie

Porte S.t Bertrand

Boulevard S.te Madronne

B.on de L'Ange

B.on de Telles

B.on S.t Antoine   Porte Blanche

Monastère de
Valdonseille

Fort Juif

Cavalerie
Espagnole

Fort de Mont Juich

Bertrand

Barcelonne
Siège de 1697

de marquera

100 Toises

pre pour l'assemblée des troupes et des matteriaux d'une queuë de tranchée, à quoy il servit très utilement dans la suitte, outre qu'il étoit entre deux chemins creux qui aboutissoient à la ville dont on comptoit tirer bien de l'avantage.

On arrivoit du camp au couvent des Capucins par d'autres chemins creux dont il y en avoit près de la moitié qui n'étoient pas enfilés. Un si bel établissement tenta à la vérité Monsieur de Lapara ; mais ce qui acheva de le determiner, c'est que tout le monde le crut à trois cens cinquante toises de la place, et tout le monde y fut trompé, car il en étoit éloigné du double. La grandeur de l'objet, car cette ville presente un très grand front, le fit juger beaucoup plus près qu'il n'étoit ; c'est un effet ordinaire que l'optique enseigne, mais comme il y avoit peu de personnes dans l'armée qui eussent les yeux géométriques, ou que ceux qui les avoient trouvoient peu de créance dans les généraux, en ce qu'il s'agissait de les désabuser d'un préjugé qui les flattoit, on fut toujours dans la suitte du siége la dupe des distances et du veritable éloignement des ennemis.

Cette mauvaise place ne laissoit pas d'avoir ses bontés ; l'angle flanquant du front que l'on attaquoit étoit moins obtus qu'à l'ordinaire ; les bastions tiroient leurs deffenses du milieu de la courtine, et les faces se voyoient mutuellement en brêche. Ces bastions étoient fermés par leurs gorges, et lorsqu'on debordoit hors des pointes des bastions, on trouvoit d'autres grands fronts recourbés où il y avoit de gros canons qui voyoient de revers.

On s'étendoit d'abord beaucoup pour embrasser diverses pointes ; mais en s'approchant de plus près, .on fut obligé de se redresser, de se retirer et de se rejetter sur le petit front de la gauche, comme il paroît sur tous les plans où la figure de la tranchée est marquée

Le quinzieme juin, la tranchée fut ouverte au poste des Capucins par deux attaques, l'une à la droite où commandoit Monsieur Chazerou, lieutenant-général, et le Marquis de Novion, brigadier, avec trois bataillons de la marine et celui de Gourville, huit cens travailleurs et six compagnies de grenadiers à la teste pour les soutenir. L'attaque de la gauche étoit commandée par le sieur de Varennes, maréchal de camp, avec deux bataillons de Spart, le bataillon de Perigord et celui des vaisseaux, d'ouze cens travailleurs et deux compagnies de grenadiers, avec trois cens dragons à pied pour soutenir le travail. Il y avoit à la queuë de la tranchée cinq cens chevaux sous les ordres du sieur de Legall, brigadier de cavalerie ; les sieurs Rousselot et de Saint-Louis, brigadiers d'ingénieurs, étoient, le premier à la droite, et le second à la gauche, sous les ordres du sieur Lapara, brigadier d'armée et ingénieur en chef. On fit près de troïs cens toises de tranchée, et la communication des deux attaques en se servant des ravines qui s'y rencontrèrent ; la même nuit, nos troupes occupèrent le couvent des Cordeliers, qui n'est qu'à deux cens toises du chemin couvert, et tout cela fut exécuté sans aucune perte ; les ennemis firent cependant un furieux feu d'artillerie et de mousqueterie à l'ouverture de la tranchée.

Dès le soir du 15, les galliottes à bombes commencèrent à tirer sur le quartier du palais voisin de la marine où elles mirent le feu.

Le 16, les assiégés firent un grand feu de leur canon, qui tua ou blessa deux officiers et environ trente soldats.

La nuit du 16 au 17 Juin, la tranchée fut relevée par le bailly de Noailles, en qualité de lieutenant-général, et par le sieur de Caixon, brigadier, avec deux bataillons de Sault et celuy de Caixon, et un des galères, et le sieur Noblesse, brigadier d'ingé-nieurs, et à la gauche par le Chevalier de Genlis, maréchal de camp, avec un bataillon de Solze, et ceux de Vaugé et de Clan-carty et de Milly, et le sieur Robert, brigadier d'ingénieurs. Il y avoit six cens travailleurs à chaque attaque ; cinq escadrons à la queuë de la tranchée, et le même nombre de grenadiers et de dra-gons à la teste, pour soutenir les travailleurs.

Le soir, les ennemis firent sortir six cens hommes ; mais la ca-valerie de la garde ayant fait un mouvement pour aller à eux, ils se retirèrent avec tant de diligence, qu'un de leurs officiers, qui s'étoit trop avancé, demeura prisonnier.

La nuit du 17 au 18, la tranchée fut relevée de la même ma-nière que le jour précédent : les officiers généraux montant la garde suivant leur ancienneté ; les chefs d'escadre en qualité de maréchaux de camp, avec un pareil nombre de troupes et dans le même ordre ; le travail fut un peu retardé par un violent orage ; les ennemis firent un très grand feu ; et le matin on s'apperçut qu'ils avoient bordé leurs remparts de quatre-vingts pièces de ca-non qui étoient fort bien servies, ce qui n'empêcha pas qu'on ne poussât la tranchée sur la gauche, sur le dessein qu'on avoit pro-jetté d'attaquer le front des deux bastions du côté de la porte Neuve. On avoit à cet effet occupé le fauxbourg du Jesus qui couvroit la droite de l'attaque contre les sorties des assiégés, comme le ruisseau de la Balière la couvroit du côté de la gauche.

La nuit du 18 au 19 Juin, les ennemis firent deux grandes sorties, l'une de mille hommes de pied et de quatre cens chevaux sur la droite, l'autre de quatre cens fantassins, soutenus par cinq cens autres sur la gauche. Le Chevalier de la Farre, maréchal de camp de jour, s'étant avancé avec cent cinquante dragons à pied et deux compagnies de grenadiers soutenus par le reste de la garde de la tranchée, les obligea à se retirer en fort grand desordre et avec une perte considerable. Il y eut du côté des assiégeans quel-- ques officiers et environ vingt-cinq soldats la pluspart blessés.

Le 19 juin, les ennemis, à la faveur d'un chemin creux qui est à la gauche de l'attaque et qui commence au glacis de la contres-carpe, occupèrent une cassine où ils mirent deux cens hommes, soutenus par cinquante cavaliers et par des troupes couvertes de quelques rideaux, d'où ils firent un grand feu sur la tranchée qu'ils voyoient à revers.

Le Duc de Vendosme ayant resolu de les en chasser, commanda les deux compagnies du regiment de Sault, vingt gardes de la marine, et les deux premiers bataillons du regiment d'Alsace, ayant à leur tête le Prince de Birkenfeld, qui en est le colonel, soutenus par les quatre escadrons de garde de la tranchée, com-- mandés par le sieur de Legall.

Ces troupes marchèrent un peu avant la nuit sans être apper-- çues des ennemis à la faveur du chemin creux ; les deux batail-- lons investirent la maison, ayant monté sur le haut du chemin, l'un à la droite et l'autre à la gauche, et en même temps on attaqua ce poste ; la porte fut enfoncée à coups de haches. La pluspart de ceux qui deffendoient la cassine furent tués, et le reste, au nombre de trente-sept, ayant monté au second étage et craignant d'y être brûlés, se rendirent à discretion. La plus grande partie des cavaliers furent aussi tués par les grenadiers, qui s'étoient saisis d'un pont de pierre sur le ruisseau par où ils étoient obligés de se retirer. L'infanterie qui les soutenoit abandonna les rideaux et se retira à soixante pas du chemin couvert.

Le Prince de Darmstat, connoissant de quelle importance étoit la perte de ce poste, résolut de le regaigner, et fit pour cet effet marcher quatre escadrons soutenus par son regiment d'infanterie allemande et par un regiment Walon ; mais le Prince de Birkenfeld étant allé au devant avec ses deux bataillons, les deux compagnies de grenadiers de Sault et un nouveau detachement de cinquante gardes de la marine, les attaqua avec une telle vigueur, qu'ils se renversèrent sur les deux bataillons qui les soutenoient, et ils furent poursuivis jusqu'à leur chemin couvert.

Les assiégés perdirent en cette occasion deux cens hommes et cinquante chevaux ; le Prince de Birkenfeld blessa luy-même et fit prisonnier un officier de cavalerie. Les assiégeans eurent seulement le commandant du premier bataillon d'Alsace, deux autres officiers, trois gardes de la marine et quelques soldats tués.

Les ennemis firent une seconde sortie dans le centre de l'attaque, mais sans aucun succès, à cause de la promptitude avec laquelle ils furent repoussés par le Comte de Mailly avec les dragons et les grenadiers. Le Grand Prieur de France qui étoit de jour donna ses ordres partout avec tant de prudence et d'activité, que, nonobstant les differentes sorties des ennemis, les travailleurs n'abandonnèrent pas les ouvrages ; en sorte que la même nuit on fit des lignes de communication, de la gauche de la tranchée à la cassine qu'on avoit gaignée, et tous ces travaux furent perfectionnés avant le jour.

La nuit du 20 au 21 Juin, le sieur d'Usson, lieutenant-général, et le Marquis de Forville, chef d'escadre des galères, servant en qualité de maréchal de camp, relevèrent la tranchée avec une garde pareille à celle des nuits précédentes. Il tomba durant la nuit une si grande pluye, qu'il fut impossible de continuer les ouvrages, et le Duc de Vendosme fut obligé de faire relever les troupes à six heures du matin ; cet orage et le mauvais succès de la dernière sortie empêchèrent aussi les assiégés de rien entreprendre.

Six escadrons de ceux qui avoient suivi le Viceroy Don Francisco Velasco au delà du LLobregat, paroissoient depuis trois jours sur les hauteurs derrière le camp, avec quelques miquelets et sommettans ou paysans armés, qui escarmouchoient vers les postes les plus avancés du côté de Sarria. Le Duc de Vendosme envoya des détachements pour les combattre ; mais ils se retirèrent dans les montagnes avec tant de vitesse, qu'il fut impossible de les joindre.

Ce camp volant étoit tantôt fort, tantôt faible, par la communication continuelle qu'il avoit gardée avec la ville par le deffaut de circonvallation, ce qui empeschoit de sçavoir positivement quelles troupes il y avoit dans la ville, qui grossissoient ou diminuoient en cavalerie et en infanterie, selon leurs besoins. Il suffit de dire qu'ils avoient environ en tout treize mille hommes de pied et quatre mille chevaux de troupes réglées, sans compter les bourgeois armés, qui étoient plus de six-mille, et pour la campagne, environ autant de paysans ou sommettans.

Avec ces armées du dedans et du dehors, qui étoient aussi nombreuses que nous, on ne crut pas qu'il fût nécessaire de faire des lignes de contrevalation contre les entreprises de cette garnison, ny même de circonvallation contre celles du dehors.

Nous étions cependant à 30 ou 40 lieuës de nos terres, separés de nos dernières places par des défilés que les ennemis avoient occupés dès que notre armée fut avancée ; en sorte qu'il ne nous restoit plus de communication que par mer, et nous n'en eûmes point d'autre jusqu'à la prise de la place.

Dans tout autre Royaume que celui d'Espagne, les peuples auroient pu accourir au secours de cette importante ville et nous auroient ôté toute esperance de reüssite et de retraitte ; mais comme on les payoit mal et qu'on n'avoit point pourveu à leur subsistance, ils se relevoient et se retiroient à mesure qu'ils avoient consommé les vivres qu'ils avoient apportés. Cependant, leur nombre fut quelques fois si grand, que, joints avec un nombre toujours incertain de troupes réglées, ils donnèrent quelques fois de telles allarmes au camp, qu'on fut obligé de faire des redoutes sur les hauteurs les plus prochaines et même des bouts de lignes, en certains endroits, comme il sera dit cy-après ; ce qui étoit d'autant plus important, que notre camp étoit au pied des hauteurs, lesquelles en avoient encore d'autres plus loing par amphithéâtre, qui les dominoient et qui étoient continuellement occupées par cette armée volante qui avoit, son canon à part, cavalerie et infanterie, et qui, connoissant la nature du païs, inquiétoit notre camp jour et nuit.

La nuit du 21 au 22 Juin, le Marquis de Barbezières, lieutenant-général, et le sieur de Puysegur, maréchal de camp, montèrent la tranchée. On travailla à reparer le dommage que la pluye avoit causée dans les travaux, et on poussa considerablement le boyau qui alloit vers le bastion de la porte Neuve, où étoit la principalle attaque. On s'occupa en même temps à approcher les batteries de canons et de mortiers plus près de la place, afin qu'elles fissent plus d'effet.

La nuit du 22 au 23 Juin, le Comte de Chazeron, lieutenant-général, et le sieur de Nanclar, brigadier, montèrent la tranchée. Les assiégés ne firent aucun mouvement pour troubler les travailleurs ; ils continuèrent seulement à faire un grand feu de canon et de mousqueterie ; leur artillerie tira de même force jusqu'à la fin du siége, et il falloit qu'ils eussent un magazin prodigieux de toutes choses, puisque quoyque nos bombes demontassent souvent leurs canons, il n'y paroissoit pas, et ils étoient remplacés sur-le-champ.

Sur les trois heures après-midy, quelques escadrons de la cavalerie des ennemis qui tenoient la campagne poussèrent une garde de vingt maîtres commandés par un lieutenant. Le piquet des carabiniers et du regiment de cavalerie de Sibours alla à eux et les chargea avec tant de vigueur, que, nonobstant l'inégalité du nombre, ils furent repoussés après avoir eu plus de trente hommes tués ou faits prisonniers, parmi lesquels il y avoit deux capitaines.

C'étoit une maxime receuë jusqu'alors dans l'art militaire et dans les règles de la Fortiffication, qu'il faut enfermer une place entièrement, en sorte qu'il n'y puisse rien entrer, pour pouvoir s'en rendre maître. Les villes maritimes qu'on a assiégées, et qui ont eu plus de facilité à être secourues par mer, n'ont jamais pu être prises qu'après qu'on leur a fermé ce passage :

Ostende, la Rochelle, Candie, ne se sont renduës qu'après leur avoir ôté toute esperance de secours ; les entreprises faites et manquées sur Coni et sur Rinfelds ont passé pour temeraires, faute de circonvallation. On a dérogé de cette maxime à Barcelonne, parce qu'il n'y avoit pas moyen de faire mieux ; l'armée ne pouvoit plus s'augmenter, étant à plus de trois cens lieuës des renforts qu'on eût pu luy donner ; outre la liberté de communication par terre que le vuide de notre circonvallation procuroit aux troupes du dedans et du dehors de la place, il avoit encore donné occasion à évacuer tout ce qui embarrassoit dans la ville tant en habitans que meubles et richesses, et à y faire entrer tout ce qui étoit nécessaire à sa deffense, et cela sans desordre ny empressement, parce que la communication fut toujours aussi libre qu'en pleine paix ; mais ce qui contribuoit beaucoup à faire une longue deffense sans incommodité, c'est qu'ils faisoient camper partie de la garnison et des bourgeois sur le coteau qui est entre la ville et le Montjouy, où l'air est merveilleux, exposé au nord-est, et où ils s'alloient alternativement rafraichir des fatigues qu'ils souffroient du côté de l'attaque, dont cette partie étoit très éloignée et hors la portée de nos canons et de nos bombes.

La nuit du 23 au 24, le bailly de Noailles monta la tranchée

34

avec le sieur de Saint–Moris, maréchal de camp ; sur les deux heures après minuit, les ennemis firent une sortie de huit cens fantassins soutenus par mille autres, à dessein d'enclouer le ca-non. Les compagnies de grenadiers de Dillon et de Cabanac les laissèrent avancer presque à bout portant et firent sur eux une si furieuse decharge, que le regiment de Tourraine les ayant pris en flanc, ils se renversèrent sur ceux qui les soutenoient et furent poursuivis jusqu'à leur chemin couvert ayant perdu plus de deux cens hommes, sans presque aucune perte des nôtres. On fit en-suite une treve de deux heures pour donner moyen aux assiégés de retirer leurs morts, dont ils emportèrent soixante-huit.

Dans le temps de cette sortie, les ennemis du dehors vinrent au nombre de quinze cens hommes attaquer une maison derrière no-tre camp, occuppé par quelques-uns de nos miquelets ; mais après un combat de deux heures, ils furent repoussés laissant sur la place plus de soixante des leurs tués, outre plus de cent blessés.

La nuit du 24 au 25 Juin, le Comte de Coigny releva le bailly de Noailles ; on avança beaucoup la tranchée sans que les ennemis fissent aucune sortie, et on jetta plusieurs bombes dans la ville.

La nuit du 25 au 26 Juin, le Grand Prieur de France monta la tranchée ; les travaux furent continués assez tranquillement et on jetta beaucoup de bombes dans la ville. Deux commissaires d'artillerie furent tués le soir par les éclats d'une bombe des assié-gés.

Le 26 Juin au matin, Monsieur de Lapara fut blessé d'un bou-let de canon qui luy emporta le chapeau et luy effleura le dessus de la tête. Les assiégés avoient avancé quelques ouvrages, tant à la droite de l'attaque, à la faveur de quelques chemins creux, qu'à la gauche au delà du pont du ruisseau de la Bialière, d'où ils voyoient nos ouvrages à revers. Le Duc de Vendosme resolut de les en chasser, principalement des ouvrages de la gauche qui étoient plus voisins, et dont on étoit le plus incommodé. Il en chargea le sieur d'Usson, qui fit marcher les troupes sur les dix heures du soir, et après avoir ordonné une fausse attaque du côté du Jesus, pour faire diversion, il fit attaquer le retranchement de la gauche qu'il emporta avec assez de resistance. On en trouva un autre au delà qui fut pareillement forcé et où l'on se retrancha après avoir poursuivi les ennemis jusqu'à la palissade. Les ennemis eurent plus de trois cens hommes tués, blessés ; de notre côté, il n'y eut que le sieur d'Usson blessé d'une contusion et trente soldats tués ou blessés. On apprit ce jour là par des prisonniers que les ennemis avoient plus de huit cens blessés dans leurs hôpitaux.

Les ennemis disputèrent tout ce qui put l'être, et lorsqu'on avoit oublié d'occuper une maison, ils ne manquoient pas de s'y établir, entr'autres celle qui étoit à la gauche à la tête d'un pont sur le ruisseau de la Bialière, qu'on fut obligé de forcer par une entreprise vigoureuse qui fut soutenue avec opiniâtreté, et que nos troupes emportèrent à la fin. Les gardes de la marine y firent merveilles, et ce coup de main, qui leur tua plus de deux cens hommes sur la place, fit connoître la superiorité que nos soldats avoient sur eux toutes les fois qu'ils se pouvoient joindre de près ; et cette supériorité se conserva dans la suitte et les obligea à se servir de tous les avantages de la fortiffication, et à nous tenir

esloignés à coups de mousquets, de bombes, de grenades, de pierres, de canons et de fougasses, pour ne se plus commettre avec
les nôtres.

CE SIÉGE est le plus memorable de ceux de ce reigne ; il se faisoit hors du royaume, on n'y alloit ny on n'y portoit rien que par
mer ; l'armée de terre étoit petite dans un Royaume étranger, et
l'armée de mer secouroit peu. Les ennemis qui occupoient les hauteurs environnoient l'armée et faisoient force feux toutes les nuits
avec diverses allarmes. Cependant le siége se mena dans les for-
mes et dans les règles, et dura un long espace de temps, même
pendant une saison qui n'a point d'exemple qu'on en ait pu faire
en ce païs là.

LES ASSIÉGÉS se deffendirent en gens de guerre et en ingénieurs, et ne ceddèrent jamais un pas de terrain, que lorsqu'il n'y
avoit plus moyen de faire autrement.

Le 28 Juin et les jours suivants, on acheva de s'établir dans les
retranchemens qu'on avoit gaignés sur les ennemis, et on travailla
à pousser la tranchée et à faire deux lignes paralelles sur le glacis de la contrescarpe.

La nuit du 4 au 5 Juillet, la tranchée fut montée par le Marquis de Barbezières, lieutenant-général, par le Marquis de Genlis,
maréchal de camp, et par le sieur de Chartogne, brigadier. La
tranchée s'approchant du chemin couvert, chaque ingénieur qui
avoit été de jour et les officiers généraux mêmes, soit qu'ils ne
fussent pas d'habiles mesureurs, soit que les objets leurs parrus-
sent toujours plus prests qu'ils n'étoient, qui est un point contre
lequel tout ingénieur doit bien être en garde, soit aussi qu'ils vou-

lussent faire valloir leur travail, quoy qu'il en soit, on s'ennuyoit de ne point donner, et on proposa de partir de très loing pour faire le logement du chemin couvert, sans attendre que la grande paralelle fût faite.

Le Duc de Vendosme commanda pour l'attaque du chemin couvert vingt compagnies de grenadiers. Ces troupes, étant disposées de manière qu'elles envelopoient les deux angles devant la pointe des deux bastions et la place d'armes du centre devant la courtine, elles étoient soutenues par des détachements des bataillons qui étoient de garde, et ceux-cy par tous les corps qui avoient monté la tranchée.

Un peu après minuit, les grenadiers avancèrent fort près de la palissade, sans que les ennemis s'en apperçussent, et après avoir essuyé leur decharge, ils se jettèrent dans le chemin couvert ; ceux qui donnèrent dans le centre poussèrent les assiégés jusqu'au pied de la courtine, le fossé étant peu proffond à cet endroit ; mais ceux qui attaquèrent à la droite eurent en tête deux cens cinquante officiers refformés le sponton à la main, qui firent une grande resistance ; ils furent cependant renversés avec un grand carnage de part et d'autre et poussés fort loing au delà du bastion de la droite, d'où nos gens revinrent en bon ordre sans être poursuivis. Les travailleurs étoient occupés à faire des logemens dans les endroits dont on s'étoit rendus maîtres ; mais ils demeurèrent si longtemps exposés au feu des bastions après l'action, et à des revers des places d'armes que les ennemis n'avoient pas abandonnés, qu'il y en eut un grand nombre de tués. Cela donna occasion aux ennemis de revenir et d'empescher l'établissement du logement. A la pointe du jour, nous fûmes obligés d'abandonner les logemens de la droite et du centre, et on ne put conserver que celui de la gauche, avec perte de huit cens hommes de notre part.

Le 5 Juillet, vers les cinq heures du matin, les assiégés firent sur la gauche une sortie de trois cens hommes, dont les cinquante premiers avoient des cuirasses, des rondaches et le pot en tête. Ils renversèrent d'abord les travailleurs et mirent en desordre les grenadiers, fort diminués par la perte qu'on avoit fait la nuit precedente; mais le Marquis de Barbezières et le Marquis de Genlis y étant accourus, les rallièrent; et ayant fait sortir de la tranchée le régiment de Vendosme, les ennemis furent chargés avec tant de vigueur, qu'ils furent repoussés et poursuivis jusqu'au pied du bastion.

La nuit du 5 au 6 Juillet, la tranchée fut relevée par le Marquis de Chazeron, le Marquis de Prechac et le sieur de la Messaye. On fit la nuit quelques tentatives pour regagner les logemens de la droite et du centre; mais les assiégés firent un si grand feu de canon, de mousqueterie et de grenades, qu'on fut obligé de se retirer après avoir perdu près de quatre cens hommes.

Le sixième Juillet au soir, le bailly de Noailles, lieutenant-général des galères, monta la tranchée avec le Chevalier de la Farre et le sieur Chelleberg. Comme les travaux étoient en aussi bon état qu'on le pouvoit desirer, on resolut d'attaquer de nouveau les postes de la droite et du centre; ce qui fut exécuté avec tant d'ordre et une bonne disposition des troupes, qu'on s'en empara nonobstant leur resistance; on tailla en pièces tout ce qui voulut faire ferme ; on retablit parfaitement les logemens et on travailla à faire des lignes de communication du centre, à la droite et à la gauche, qui étoient déjà fort avancées.

On devoit, la nuit suivante, mettre en batterie sur la contrescarpe seize mortiers et vingt pièces de canon pour battre en brèche, sçavoir : douze dans le centre, quatre à la droite et autant à la gauche. Il y avoit à la courtine une brèche de douze toises, et les bastions étoient en partie éboullés.

LE BAILLY DE NOAILLES et les autres officiers généraux se sont fort distingués dans la dernière attaque, et la valleur des troupes a été telle, que les ennemis, nonobstant leur grand feu, n'ont pu soutenir la vigueur avec laquelle ils ont été attaqués. Les trois derniers jours, notre perte a été considérable, puisque nous avons perdu douze cens hommes, tués ou blessés, et parmi eux beaucoup d'officiers et d'ingénieurs. Mais celle des ennemis a été beaucoup plus grande, et tous les prisonniers assuroient que depuis le premier jour du siége, les assiégés ont eu près de quatre mille hommes tués ou blessés.

La contrescarpe ayant été prise la nuit du 6 au 7 Juillet, les jours suivans furent employés à s'y établir parfaitement et à y mettre en batterie seize mortiers et vingt-quatre pièces de canon destinées à battre en brèche la courtine et les faces des deux bastions de l'attaque, dont il y en avoit un de fort endommagé ; les bombes firent un grand desordre dans la ville, où plusieurs maisons furent abatuës, et un grand nombre de soldats tués et blessés.

Depuis la prise du chemin couvert et le commencement de l'ébrêchement de la courtine, les assiégés allumoient tous les soirs, sur tous les angles saillans de la place, des rechaux de feux qui faisoient de grandes illuminations, et cela s'étendoit bien avant à la droite du côté du Jesus, car les assiégés s'étoient imaginés qu'on conduisoit une attaque souterraine et misterieuse, par des mines, de ce côté là, de même qu'on conduisoit la réelle et apparente à la gauche. Cette illumination étoit accompagnée d'une autre qui luy repondoit par les feux que les ennemis de la campagne faisoient sur les hauteurs.

Il ne se passa rien de considerable jusqu'au 10 Juillet, qu'on acheva de perfectionner les logemens, et il n'y eut durant ces trois jours que trente soldats tués ou blessés.

La nuit du 10 au 11 Juillet, le sieur d'Usson, lieutenant-général, monta la tranchée, et on mit cinq pièces de canon en batterie, qui commencèrent à tirer le 11 au matin contre la brêche. La même nuit, les troupes ennemies qui campoient sur la montagne s'avancèrent vers le camp de plusieurs côtés, faisant un grand feu, comme s'ils avoient eu dessein de nous attaquer ; mais ils se retirèrent sans rien entreprendre.

En même temps, cinq ou six escadrons sortirent de la ville comme s'ils avoient voulu charger notre cavalerie ; mais ils temoignèrent si peu de fermeté, que les seuls piquets les mirent en fuite.

D'un autre côté, cinq cens chevaux portant chacun un fantassin en croupe sortirent du côté de la mer pour attaquer une redoute qui couvroit le debarquement. Le sieur Roux, qui commandoit la garde ordinaire de cent cinquante chevaux, alla à eux l'épée à la main ; mais ayant reconnu leur grand nombre, il se retira derrière la redoute, suivant l'ordre qu'il en avoit. Cinquante fantassins postés dans la redoute et dans une maison voisine firent un si grand feu, que les galères ayant en même temps tiré quelques coups, les ennemis se retirèrent après avoir perdu dix hommes et trente chevaux ; nous y eûmes dix hommes tués ou blessés et deux officiers pris.

La nuit du 11 au 12 Juillet, le Marquis de Barbezières releva le sieur d'Usson, et la nuit du 12 au 13, le Comte de Chazeron releva le Marquis de Barbezières. On acheva cette nuit là de mettre vingt-six pièces de canon en batterie, qui augmentèrent considerablement les brêches.

On avoit fait une mine à la pointe du bastion de la gauche, à six ou sept toises de l'angle flanqué qu'on fut obligé de preparer à faire jouer pour le 15, parce que les ennemis, qui alloient au devant de tout, avoient des puits derrière, et que nos mineurs les entendoient travailler.

Le 13 Juillet, la place étant fort pressée, le Duc de Vendosme jugea que la grande resistance des assiégés venoit en partie de la confiance qu'ils avoient aux troupes campées au dehors en deux corps séparés qui leur fournissoient tous les rafraîchissemens et munitions dont ils avoient besoin. Il donna ordre au sieur d'Usson, lieutenant-général, de prendre un detachement de mille fusiliers, de trois cens cavaliers et deux cens dragons, pour aller attaquer Dom Miguel Gonçalez d'Orassa, qui étoit posté sur trois hauteurs derrière le camp, avec six ou sept cens chevaux, mille hommes de pied detachés des régimens qui étoient dans Barcelonne, et sept à huit mille miquelets ou sommettans.

Il commanda un autre corps de deux mille deux cens chevaux et de trois mille hommes de pied qu'il voulloit conduire en personne pour aller combattre le Marquis de Grigny, général de la cavalerie qui campoit à Cornella, à une lieuë de la droite de notre armée, avec deux mille cinq cens chevaux, étant soutenu par le Viceroy, qui étoit posté au delà à San Felieu avec d'autres troupes ; il laissa ordre au Marquis de Barbezières, lieutenant-général de jour, de faire tenir le reste de l'infanterie sous les armes et la cavalerie en bataille pour la seureté des tranchées et du camp.

Le 14 Juillet au matin, deux heures avant le jour, ces deux corps détachés se mirent en marche. Le Duc de Vendosme fit aller l'infanterie sur la droite par de petites collines et la cavalerie par le grand chemin, et détacha devant lui le sieur de Legall avec deux cent cinquante chevaux, luy ordonnant de pousser tout ce qu'il trouveroit. Il rencontra près d'Hospitalet, à un quart de lieuë de Cornella, quelques petites gardes des ennemis qui, pliant à mesure qu'il avançoit, ne purent reconnoître, à cause de l'obscurité, les troupes de ce premier detachement. Ainsi le sieur de Legall, que le Duc de Vendosme suivoit de fort près, entra dans le camp des ennemis, renversa sans resistance quatre ou cinq troupes qu'il y trouva ; et sans que les ennemis pussent se rallier, il les poussa jusqu'au village de San Felieu.

Le Viceroy, qui étoit encore au lit, et qui ne fut éveillé que par le bruit du combat, prit la fuite, sans avoir le temps de s'habiller. Les troupes du Roy continuèrent à pousser les ennemis sans s'arrêter à San Felieu, et les poursuivirent jusqu'au LLobregat, qu'ils traversèrent avec un si grand desordre, qu'il y en eut plusieurs noyés.

Néantmoins, trois ou quatre troupes des gardes du Viceroy et de celles qu'il avoit auprès de luy donnèrent sur les cavaliers debandés et les mirent en fuite ; mais deux escadrons de carabiniers et trois ou quatre troupes de cavalerie et de dragons, à qui le Duc de Vendosme avoit donné ordre de les soutenir, chargèrent les ennemis avec tant de vigueur, qu'ils furent tous tués ou pris.

Le quartier de San Felieu fut entièrement pillé avec tous les bagages et hardes des soldats, la vaiselle d'argent des généraux, la cassette du Viceroy, où il y avoit vingt-deux mille pistolles, sa canne garnie de diamants, d'un grand prix, et six à sept cens mulets ou chevaux, parmi lesquels il y en avoit de très beaux du Viceroy et des officiers généraux ; il y eut trois cens des ennemis tués, outre les noyés et un grand nombre de blessés.

Après cette expédition, le Duc de Vendosme se retira et fit en passant brûler le camp de Cornella. Cependant le sieur d'Usson avoit marché de son côté ; le Comte du Breüil, qui commandoit l'avant garde, surprit le corps de garde avancé des ennemis et entra si brusquement dans leur premier camp, qu'ils furent defaits sans resistance. Le sieur d'Usson suivit de si près les fuyards, que les troupes arrivèrent presqu'aussitôt qu'eux à leur second camp, et ensuite au troisième, d'où ils se retirèrent sur des hauteurs inaccessibles.

Le camp de Dom Miguel d'Orassa fut pillé avec tous les bagages et ceux des officiers. Les ennemis eurent plus de quatre cens hommes tués ou hors de combat, et leurs trois camps brûlés.

Quelque temps après, le Duc de Vendosme envoya ordre à

44

Monsieur d'Usson de se retirer ; ce qu'il executa avec très peu de perte, le Duc de Vendosme ayant fait favoriser sa retraitte par quelques bataillons que le Marquis de Barbezières avoit conduits au pied de la montagne. Dans ces deux actions, on fit cent prisonniers, parmi lesquels il y avoit trente officiers, et nous n'y avons eu que soixante-dix hommes tués ou blessés. Toutes les troupes du Roy, depuis le premier officier jusques au dernier soldat, ont combattu avec une valeur extraordinaire.

Le 15 Juillet, on fit jouer une mine sous la pointe du bastion de la gauche ; elle coulla une partie du mur dans le fossé sans éclats et fit très bien ; à la vérité, sa brêche n'avoit que huit toises de face, quoyqu'il y eût quatorze cens livres de poudre en deux fournaux, mais les puits que les ennemis avoient fait derrière en étoient cause. Il y eut plusieurs des ennemis enterrés, mais ceux de derrière parurent sur la brêche et firent un grand feu ; et quoyqu'on leur repondit de même, ils eurent dans le moment des sacs à terre et firent un parapet qu'on eut bien de la peine à abattre dans la suitte.

Les sacs à terre dont ils se servoient à leurs brêches, étoient de ceux qui servent communement au bled ou à la farine et avoient quatre à cinq pieds de long à proportion ; ils les mettoient tous en boutisses et de pointe, et les arrangeoient si bien par dehors, qu'ils ressembloient à un mur de gros quartiers de pierre.

Les assiégés obligèrent nos ingénieurs et nos généraux à se conformer aux règles de l'art, dont on ne sortit jamais sans perte ; ils connoissoient parfaitement quand nous faisions des fautes et nous reddressoient à merveilles. Toutes les fois qu'on voulut insulter des ouvrages de trop loing, ils nous passèrent par les armes ; et ils abandonnèrent volontairement lorsqu'ils nous avoient obligé à faire tous les ouvrages necessaires pour nous approcher d'eux, et se faisoient respecter par cette conduitte , et rendirent nos gens sçavans à leurs depens. Il n'y eut jamais coin de mur, rideau, reply d'ouvrages, d'où ils pussent prendre un revers dans toutes les parties du corps de la place et des dehors, dont ils n'ayent profité.

Le 16 Juillet, on se logea dans le fossé jusqu'au pied des bastions sur tout le front de l'attaque. On continua à agrandir les brêches des bastions et de la courtine, dont le terreplain étoit d'une espèce de terre glaise difficile à faire ébouler, le Duc de Vendosme ne voulant point entreprendre de s'y loger, que quand toutes choses y seroient parfaitement disposées.

Le 17 Juillet, les ennemis, apprehendant qu'on ne donnât un assaut à la courtine, où il y avoit déjà de fort grandes brèches, firent entrer toute leur cavalerie dans la ville ; mais ayant vu qu'ils s'étoient trompés, ils la renvoyèrent le 19 au delà du LLobregat, de l'autre côté de San Felieu, d'où elle étoit venuë. Le Duc de Vendosme, qui sçavoit la nombreuse garnison qui étoit dans la ville et qu'elle avoit fait un grand retranchement flanqué derrière les deux bastions, resolut de les occuper tous deux avant que de faire attaquer la courtine ; il fit travailler à deux mines, qui furent en état de jouer le 22 au soir.

Le 22 Juillet, à neuf heures du soir, on mit le feu à la mine de la droite. Le sieur Esprit, capitaine des mineurs, se trouva devant sa mine avec trop de confiance et fut presque enterré ;

mais plus de cinquante des ennemis le furent entièrement. Dans le temps que la mine fit son effet, un des ennemis allumoit avec une longue perche les rechaux de feu de l'angle du bastion par dessus les sacs à terre ; mais tout disparut et fut abîmé ensemble. La mine de la gauche joua un demi quart d'heure après : aussitôt Monsieur le Duc de Vendosme fit donner le signal pour attaquer les deux bastions qui furent emportés après une vigoureuse resistance. On se logea sur la pointe du bastion de la droite et sur le bastion de la gauche. Les ennemis firent jouer toute leur artillerie et diverses fougasses ; les nôtres se meslèrent avec eux, et après qu'ils furent repoussés, ils firent un feu prodigieux du rempart et des retranchemens. Il y avoit deux brigades d'ingénieurs au bastion de la gauche pour les logemens sur les deux brêches des deux mines. Les deux logemens de la gauche se joignirent en un ; Saint Louis et Noblesse, ingénieurs, commandoient les deux brigades de la gauche, et le Chevalier de Mun celle de la droite. Tout le monde y fit bien et ce fut là que le sieur Boüillet, ingénieur d'un grand merite, fut tué. Les logemens ne furent qu'en seureté à une heure après minuit, et le combat cessa par la lassitude des combattans.

Le lendemain matin, 23 Juillet, à la pointe du jour, les assiégez sortirent de leurs retranchemens sur nos logemens dans les bastions. Nos troupes abandonnerent le logement du bastion de la gauche, parce qu'il n'étoit resté que peu d'officiers : mais celui de la droite fut parfaitement bien deffendu par le sieur de la Messais et par le sieur de Montandre, qui monta sur le bastion par le flanc, avec deux cens hommes detachez qui attaquerent les ennemis et les obligerent à se retirer avec une perte considerable. Le Comte de Coigny, le chevalier de Genlis et le sieur de la Massais étoient les officiers de jour à la tranchée.

LE COMTE DE COIGNY, lieutenant general de jour, piqué du malheur qui étoit arrivé à la gauche, ne voulut point être relevé à l'heure ordinaire de midy, qu'il n'eut repris auparavant le logement perdu. Il le fit attaquer sur les quatre heures et recommença le combat le plus opiniastre du monde. Et dans le moment qu'il s'ébranloit pour aller aux ennemis, il apprit qu'ils attaquoient pour la seconde fois le logement de la droite. Les assiegez y trouverent la même resistance que la premiere fois. On s'y colleta, on se prit aux cheveux; les pics et les pioches furent mis en œuvre; enfin cette résistance et notre attaque de la gauche fit lâcher prise aux ennemis à la droite, pendant qu'à la fin la gauche emporta le logement pour la seconde fois; mais avec cet avantage qu'en repoussant les ennemis dans la gorge du bastion, près la porte de la ville, on s'empara de leur grand retranchement qui étoit dans la place d'armes, et on leur tua plus de deux cens hommes à cette gorge. On se logea sur ce second retranchement, et on s'y établit à demeure. Les ennemis tenoient encore un pareil retranchement au bastion de la droite; mais avec cette différence qu'il étoit bien plus relevé et presque joignant le corps de la place et très bas, ce qui faisoit qu'on ne pouvoit y aller sans faire un grand chemin à descouvert et plongé du feu du corps de la place : et razé par celui du retranchement; outre qu'étant arrivé audit logement, on s'étoit si plongé et vu, du mur de la ville de si près, puisque les plus grandes distances n'étoient qu'à dix toises, qu'il étoit difficile de s'y maintenir.

La nuit du 23 au 24 Juillet on fit quelques tentatives pour reconnoître et emporter le retranchement que les ennemis occuppoient dans le bastion de la droite ; mais on le trouva si fort et si escarpé, qu'on fut obligé de se retirer après avoir perdu cent hommes. Le Duc de Vendosme résolut d'y aller à la sappe par les deux flancs, et de mettre du canon sur ce bastion.

La nuit du 24 au 25 Juillet le marquis de Barbezières, le chevalier de La Farre et le comte de Chemerault ayant monté la tranchée, on travailla à monter deux pièces de canon de 16 livres dans le logement de la pointe du bastion de la droite, et on marcha par tranchée le long de la face gauche, et on fit plusieurs autres lignes et boyaux.

La nuit du 25 au 26 Juillet, le bailly de Noailles ayant relevé le Marquis de Barbezières avec le Comte de Mailly et le sieur de Poudenx, on poussa la sappe si près du retranchement, que le 26 les ennemis furent obligés de l'abandonner ; on eut assez de peine à s'y loger, à cause du voisinage et de la supériorité du mur de la ville. Ainsi on fut absolument maître de ce bastion de la droite, où l'on travailloit à se loger avec les precautions necessaires, pour éviter l'effet des bombes enterrées et des fougades que les ennemis y avoient faites.

Tous les officiers généraux et particuliers, les gardes de la marine, les grenadiers et tous les soldats, se sont signalés en ces differentes occasions. Les ennemis ont eu à l'attaque des retranchements des bastions douze cens hommes tués et blessés ; et nous y avons perdu environ six cens hommes.

Le 26 Juillet, les six pièces de canon que les équipages des galères avoient monté sur le bastion de la gauche, commencèrent à tirer ; les ennemis y jettèrent beaucoup de bombes qui demontèrent quatre pièces ; ainsi il n'en restoit que deux. On retira la nuit suivante les quatre pièces qui avoient été demontées, et on mit en la place des mortiers à pierres.

On ouvrit en même temps des boyaux à la sappe dans ce bastion pour arriver dans sa gorge, qui furent tous bien périlleux par le grand feu de mousqueterie des ennemis, qui jettoient, outre cela, force pierres et bombes dans les bastions, et la nuit beaucoup de feux d'artifices.

L'une des sappes arriva à la voûte du flanc du bastion, un autre conduisoit à une mine du côté de la courtine, à la droite des tours à notre égard ; et comme les ennemis avoient commencé des galleries pour venir à nous, on les entendit travailler, ce qui nous obligea de faire un puits, d'y enterrer de grosses bombes, et de crever leur gallerie aux depens de la nôtre, que nous fûmes obligés d'abandonner.

La nuit du 26 au 27 Juillet, il arriva aux assiégez un renfort de la garnison de Ceuta en Affrique, dont les Maures avoient levé le siege. Cette troupe étoit de cinq à six cens hommes, conduite par le Seigneur Visconty, mestre de camp et ingénieur, et un de leurs meilleurs officiers.

C'est tout ce que les Espagnols trouvèrent de troupes à envoyer au secours de Barcelonne pendant deux mois de siége ; n'en ayant trouvé nulles autres dans leurs Royaumes, encore venoient-elles de plus de deux cens lieuës, ils avoient envoyé leurs galères à

Gênes pour y embarquer mille hommes tirés du Milanez ; et sur cet advis, on fit partir quinze galères et six vaisseaux pour aller à leur rencontre sur les côtes de Grenade ou de Valence ; mais les vents contraires ayant empêché les galères espagnoles de faire canal, notre flotte revint après quatre jours, et dans sa route elle fit eschoüer le premier aoust, à la côte, quinze tartanes chargées de munitions, de vin, et de farine pour la place, et en prirent une.

Le 27 Juillet, après la prise des deux bastions de l'attaque, on poussa des boyaux le long des flancs, pour s'approcher avec plus de sureté de la vieille enceinte de la ville qui ferme la gorge des deux bastions ; on fit aussi un grand logement dans le fossé le long de la courtine et fort près de la brêche, afin de donner aux troupes plus de facilité pour y monter.

La nuit du 27 au 28 Juillet, on fit une tranchée dans le fossé, et elle fut poussée en paralelle devant la courtine. Cet ouvrage fut fort dangereux ; mais il nous mettoit à portée de nous loger sur la brêche en seureté. On fit cette ligne en trors nuits, et on travailla à l'élargir, et on en fit une place d'armes ; on plaça aussi trois mortiers dans cette paralelle.

Le 28 Juillet, on attacha deux mineurs à la gorge des deux bastions, pour renverser les murailles et les tours de la vieille enceinte ; après quoy, comme la courtine étoit presque toute ruinée, on esperoit que la brêche seroit de près de cent cinquante toises, et d'avoir par ce moyen un aussi grand front que le retranchement des assiégés, qui embrassoit toute la courtine et le derrière des deux bastions. L'ouvrage de la gauche n'étoit pas avancé autant que celui de la droite, à cause que le 26 au matin, on entendit que les ennemis travailloient au dessous de nos mineurs ; ce qui obligea à les retirer, après avoir mis dans la gallerie qu'ils avoient faite trois bombes et deux barils de poudre pour enfoncer celle des ennemis.

Le deuxième aoust, à deux heures après midy, les assiégez firent jouer une mine à dessein de faire sauter le bastion ; mais elle fit un effet contraire à leur esperance, puisqu'elle renversa une partie de la muraille de la gorge et une tour, et qu'elle fit sauter en l'air ou accabla plusieurs de leurs officiers qui s'étoient avancés pour en voir l'effet. Cette mine fit sans nous incommoder l'ouvrage de nos mineurs et les délivra de l'inquiétude où ils étoient qu'on ne minast sous eux. Pendant ce temps là, nos deux galleries de mineurs, qui étoient par dessous le retranchement de la gorge du bastion de la droite, se trouvèrent ce même jour au soir au pied du mur.

Il nous étoit venu des paysans sommettans du Roussillon pour renfort, et quelques milices de Languedoc, qui nous donnèrent occasion d'allonger le campement de notre droite en crochet, qui s'approchoit des derrières du Montjouy, afin d'ôter aux ennemis l'esperance de la retraitte, quoyqu'il y eut encore du bout de cette ligne près d'une lieuë, tant à la rivière de LLobregat qu'à la mer, pour achever l'investiture, et cet allongement parut fait le deuxième aoust au matin.

Le Duc de Vendosme se preparoit à faire sommer le Gouverneur de rendre la place, afin de ne la pas exposer à une ruine entière, si elle étoit emportée d'assaut. Les troupes, après un siége si long et si extraordinaire, témoignoient plus de resolution que jamais. Ce Prince avoit fait faire des chemins jusqu'à la mer et à la rivière de LLobregat, à passer cinq ou six escadrons de front ; et il envoyoit des partis qui battoient jour et nuit l'estrade, pour empêcher que rien n'entrât et ne sortît de la ville, et ayant à ce sujet beaucoup étendu la droite de son armée de ce côté là.

Le troisième Aoust, nos batteries firent tomber le reste de la tour de la droite. Mais le 4 Aoust, les assiégés firent si bien, qu'ils trouvèrent moyen de se loger dans celle de la gauche à tous les étages, quoy qu'à demie ruinée ; et par de petits crenaux, ils plongeoint de façon dans ce bastion, dans son avenuë de communication et dans les sapes, qu'on y étoit fort en danger et nous y tuoient beaucoup de monde, sans qu'il y eut d'autre remède que d'abattre la tour et la ruiner à coups de canon, comme on avoit fait l'autre. Mais nos canoniers n'en étoient pas à couvert, et de six canons qu'on y avoit mis d'abord, il y en eut quatre de demontés en trois heures de temps.

Le quatrième Aoust, la cavalerie de la place, dans le dessein de nous amuser, pour faire entrer un convoy par LLobregat du côté de la mer, sortit hors de la ville et se mit en bataille sur les glacis devant notre aile droite. Notre cavalerie se mit aussi en bataille ; mais comme ils ne sortirent pas de dessous le feu de leur canon, cela se passa en escarmouches qui n'engagèrent rien. Nos soldats sortirent à pied et sans chemises, sans ordre, avec des fusils, et allèrent escarmoucher dans la plaine jusques contre leurs palissades et les embarrassoient, car ils étoient espars. Pendant cet amusement, le camp des ennemis, qui étoit à la montagne du côté de Seria, informé que le régiment de Souches étoit à la tranchée, tombèrent sur son camp. Les régimens de Solre et de Dillon, qui étoient campés tout proche, prirent les armes et allèrent vivement à eux, les firent retirer et les pousserent jusqu'au haut de la montagne, d'où les ennemis, profitant de leur avantage, blesserent cinq ou six officiers et en tuerent deux. Monsieur de Vendosme étoit monté à cheval avec un corps de cavalerie et de dragons, pour aller au-devant du prétendu convoy ; mais la nuit étant venuë, on n'aperçut rien : les ennemis mirent de grands ravins entr'eux et nous, et chacun se retira.

Nos DEUX MINES de la gorge du bastion de la droite furent achevées de charger le cinquième août, à quatre heures du matin. M. de Barbezières étoit de nuit ; il avoit demandé tout ce qu'il falloit pour faire le logement sur les brêches du mur de la ville, dès que les mines auroient joué : et tout étoit parfaitement disposé pour cette disposition.

Le cinquiesme aoust Monsieur de Vendosme jugea à propos de faire sommer les assiegez avant que de faire jouer les mines. La plus grande partie des officiers n'étoient pas de ce sentiment. Mais Monsieur de Vendosme l'emporta par de solides raisons et non par son caractère. M. de Barbezières mena un tambour au milieu de la paralelle de la courtine et fit faire un appel. Un officier se présenta. On luy demanda à parler à un officier général, de la part du lieutenant-général de tranchée. Il renvoya à la porte de l'Ange. On fut obligé d'y envoyer le tambour, qui fut accueilly sur le glacis, et on lui banda les yeux. Mais comme on l'avoit peu instruit il ne sceut dire autre chose que M. de Barbezières demandoit

à parler parolle sur parolle. Ils le renvoyerent avec un billet es-
pagnol et fort honnête pour demander au général un plus grand
éclaircissement, et cela fut accompagné d'un bouquet de jasemin.
M. de Barbezières se transporta sur le champ au couvent du Jésus,
d'où il fit faire un second appel par un trompette accompagné
d'un officier de carabiniers qui parla, et sur sa demande on fit
sortir M. de Pimentel dit le Marquis de la Floride, qui avoit deffendu Charleroy en 1693, sous le Marquis de Castille, auquel il
avoit succédé en cette charge d'artillerie.

M. DE BARBEZIÈRES dit à M. de Pimentel, de la part de Monsieur de Vendosme, qu'il l'avertissoit qu'outre les grandes brêches
qui parraissoient au corps de la place, on étoit sur le point de faire
jouer les mines. Que les choses étoient venues à un point où il
croyoit devoir les sommer de se rendre, attendu que la place
alloit être ouverte extraordinairement, et qu'ils n'avoient plus de
secours à espérer. Qu'ils avoient porté leur défense au-delà de tous
les exemples de ce siècle, et qu'ils avoient tous dignement rempli
leurs devoirs, qu'il étoit temps de cedder de bonne grâce. Qu'il
étoit obligé de leur déclarer que s'ils attendoient que les mines
eussent fait leur effet et que les troupes s'ébranlassent, il n'y avoit
plus de capitulation à espérer pour eux.

M. de Pimentel alla porter cette nouvelle à la ville, et il revint
sur le midy demander du temps pour pouvoir en informer le Vice
Roy de l'état des choses : et le Vice Roy était à dix lieuës de Barcelonne.

Quoy que l'on dut craindre qu'ils ne voulussent gaigner du
tems, cependant on y consentit et il y eut suspension d'armes,

qui avoit été interrompue par hazard pendant les premières entrevuës, et on denna des ostages de part et d'autre, sçavoir, de notre côté le comte de Poitiers, colonel de dragons, et le marquis de Montendre, colonel de Médoc ; et de la part des ennemis, Dom Louis de Sarre, mestre de camp du Trosse de cavalerie Walonne, et Dom Michel de Gaste, colonel de Madrid infanterie.

Le baron de Peux partit à neuf heures du soir pour se rendre auprès du Viceroy, et n'en revint que le mardy sixiesme aoust, à dix heures du soir ; et M. de Pimentel vint rendre réponse à Monsieur de Vendosme à minuit : laquelle ne décidoit rien, et seulement que le Viceroy voulloit envoyer à Madrid.

Cependant le sixiesme aoust M. de Coigny étant de jour, on vint dire qu'on entendoit les ennemis travailler derriere nos mines. Monsieur de Vendosme prit l'allarme, fit marcher des troupes, envoya redemander les ostages, et vouloit faire mettre le feu aux mines. Le gouverneur renvoya M. de Pimentel avec les ostages, qui assura que ce bruit étoit faux, et que si cela se trouvoit vray, il remettroit la ville à notre discretion. Cela donna occasion à M. de Pimentel de voir Monsieur de Vendosme au Jésus. Ils furent contents l'un de l'autre, et Monsieur de Vendosme lui fit présent d'une tabatière de prix. Le Prince d'Hermanstad étoit aussi sorti, mais il ne vint pas jusqu'au Jésus. Les ostages rentrèrent et l'affaire s'apaisa.

La réponse du Viceroy avoit reveillé Monsieur de Vendosme ; il donna pendant tout le reste de la nuit ses ordres pour attaquer le corps de la place et se loger sur les brêches le mercredy, septième aoust au matin, en cas qu'on ne lui rapporta pas de meilleure réponse.

Pendant la suspension d'armes et le premier appel, M^rs de La-para et Ferry, ingénieurs, profitant de l'occasion, avoient examiné et reconnu bien distinctement le retranchement des ennemis, qui étoit derriere la brêche. M. de Coigny, qui étoit de jour, fit sa disposition de concert avec M. Lapara. Le jour étoit beau, les ordres avoient été donnez de bonne heure, les mattériaux qui avoient desja été preparez à deux reprises dans la vue des actions précédentes, étoient en abondance dans tous les lieux nécessaires ; les troupes mises sans confusion avoient un air triomphant qui faisoit tout esperer ; chaque officier avoit été instruit à loisir sur les lieux de ce qu'on désiroit d'eux, et rien ne parroissoit si beau que cet appareil ; et si on ose le dire, c'est dommage qu'il n'ait pas été mis en œuvre. Les ennemis auroient éprouvé à leurs dépens que la harangue de M. de Barbezières étoit juste et sincère.

On devoit se loger sur la brêche des mines de la gorge du bastion droit ; mais seulement sur la gauche pour profiter de la saillie de la tour contre le revers de la courtine courbe de la droite ; on devoit faire un autre logement à l'extrémité de la grande courtine, à l'angle rentrant du flanc du bastion gauche ; et un troisième logement sur la même courtine aux deux tiers de sa longueur, en tirant vers le bastion de la droite, en laissant entre ces deux derniers logemens une intervalle de 30 à 40 toises pour laisser la liberté aux fourneaux que les ennemis avoient fait dans cet espace, parce que c'étoit celui qui avoit le premier été ébreché par le canon.

Le dessein étoit d'étendre ensuite ces logemens et les joindre tous ensemble ; car on ne pretendoit pas donner d'abord l'assaut général, mais seulement se mettre à portée de le donner le lendemain, après avoir bien reconnu le dedans et pris de nouvelles mesures pour ne pas trop exposer les troupes.

Les maraudeurs de l'armée qui jugeoient à ces préparatifs que la ville seroit prise d'assaut, s'étoient desja attroupez plus de quinze à seize cens pour se jetter dans la place et y piller pendant le désordre.

L'artillerie, tant canons que mortiers, étoient aussi disposez de façon que l'affaire auroit été complette. Mais les choses n'en vinrent pas à cette extrémité. Le jour se passa en allées et venues, et les assiégez qui virent à leur aise ce grand mouvement et notre disposition, envoyèrent dire qu'ils étoient prest à capituler s'il étoit vray que nos mines fussent chargées et en état de faire un effet considérable. M. de Barbezières et le Major général allerent dans la place, où ils furent témoins de la délibération que le conseil de guerre signa. Le Prince d'Hermanstad sortit et vint voir Monsieur de Vendosme au Jésus. On demanda du temps pour dresser des articles, et on leur accorda jusqu'au lendemain jeudi, huitième aoust, au matin, et cela fut prorogé jusqu'à quatre heures après midy. Monsieur de Vendosme se rendit au Jésus ; M. de Pimentel y apporta les articles. Monsieur de Vendosme avait avec luy M. le Grand Prieur, M. de Barbezières, M. d'Esgrigny, intendant, M. de Lappara , M. Ferrand, major-général, avec son ayde-major, et M. de Chemeraut, qui devoit porter la capitulation au roi.

Le 8 Aoust les ennemis brûlerent leurs camps sur les sommets des montagnes, les croyant desja inutiles pour la prolongation du siège.

La Cour d'Espagne qui n'étoit pas contente de la conduite du Viceroy, qui avoit tenu la campagne pendant le siège, et qui avec près de dix-huit mille paysans et deux à trois mille chevaux et mille hommes de troupes réglées n'avoit pas proffité de ces avantages pour nous troubler dans notre camp ; et cela joint au mauvais événement de la derniere action, où nous avions chassé et pillé ses équipages. Il fut destitué, et on nomma en sa place par intérim le Comte de la Corsane, gouverneur de la place, et le Prince d'Hermanstad général des armées. Ces nouvelles arriverent à Barcelonne dans le tems de la capitulation.

Les pourparlers durerent tout le vendredy neuvieme aoust ; les assiegez demandèrent à voir les mines pour leur décharge et pour sçavoir si elles étoient en état de faire un grand effet, avant que de signer la capitulation. Que ce fût par dessein ou par tempéramment, il est certain qu'ils avoient un talent merveilleux pour traisner les décisions en longueur.

Le dixieme Aoust au matin les assiegez demanderent à voir les mines. Ils avoient chargé cinq différens officiers de cet examen, entre lesquels étoit Don Chafrillon, ingénieur, major et mestre de camp ; le seigneur Visconty, Milanois, qui étoit venu de Ceuta et qui en commendoit l'infanterie ; le Mineur de Ceuta, etc. Ils y entrerent tous séparément dans les trois mines ; ils mesurerent la longueur de leurs galeries par dessus la surface du fossé, à la vue de toute la ville, et cependant ils étoient gardez à vuë. Ils firent même décharger celle de la droite pour en voir la poudre, ce qui dura jusqu'à midy. Ils en furent contens; ils allerent faire leur rapport, et on ne put plus se dispenser de signer.

Les Capitulations étoient en trois cahiers différens, pour la garnison, la ville et le clergé. On fut obligé de les transcrire pour les mettre au net. La Capitulation fut signée le dixieme aoust, et on fut en état de prendre possession d'une porte à quatre heures après midy. Ils nous donnerent celle de Saint-Antoine, qui étoit la plus éloignée de toutes nos attaques : c'étoit ne prendre pas assez de précautions de notre part, car ils ne nous cedderent que les dehors de la porte, et ne nous laisserent pas seulement mettre dessous. Nous occupâmes le bastion, et la porte de la ville demeura ouverte : ils resterent en dedans et nous en dehors ; les battans de la porte et la herse étant entr'eux et nous. Cette situation ne laissoit pas de nous donner de l'inquiétude, et dans les règles nous aurions lû avoir une garde sur la brêche, et eux sur leur retranchement, et a porte de l'Ange devoit être en notre entiere possession. Ce peu le précaution, avec la longueur du terme de l'évacuation, pouvoient embarasser des esprits mefians.

Le quinzieme Aoust au matin, la garnison de Barcelonne et du fort de Montjouy, au nombre d'environ six mille fantassins et de quinze cens chevaux, sortit par la brêche, ainsi qu'il avoit été convenu par la capitulation, emmenant avec elle trente pièces de canons et six mortiers, et alla joindre le reste de la cavalerie espagnole qui campoit au dela du LLobregat.

Le Duc de Vendosme fit entrer le même jour des troupes pour prendre possession de la ville, où l'on trouva encore huit mortiers et deux cens pièces de canon. Le Comte de Coigny fut établi gouverneur de la ville, et le sieur de la Reinterie , lieutenant-colonel du régiment de Tourraine, gouverneur de Montjouy.

Le Duc de Vendosme accorda aux ennemis une suspension d'armes jusqu'à la fin du mois, pendant laquelle la rivière de LLobregat serviroit de barrière aux troupes de France et à celles d'Espagne. Il y avoit huit mille hommes de nos troupes en garnison dans Barcelonne et dans le fort Montjouy. La ville n'étoit presque pas endommagée, si ce n'est du côté de l'attaque, où toutes les maisons étoient entierement ruinées, avec l'église des religieuses de Sainte-Marie et une autre. Il n'étoit tombé dans la cathédrale qu'une bombe sans faire de dommage.

Les ennemis ont perdu pendant le siege huit mille hommes et plus de neuf cens officiers, tant en pied que reformez.

La perte des assiegeans a été beaucoup moindre. Les habitans de Barcelonne étoient forts contens de l'exacte discipline que le Duc de Vendosme faisoit observer aux troupes, et de la régularité avec laquelle la capitulation a été exécutée, soit à l'égard de la garnison qui en étoit sortie et des officiers et soldats malades qui étoient restez, que des bourgeois à qui on avoit conservé tous leurs privilèges, usages et coutumes, et même pour l'élection et les fonctions de tous leurs officiers et tribunaux , à la réserve de celui de l'Inquisition.

FIN ·

NOTE

La nécessité d'illustrer ce Journal détaillé du siége que nous venons de publier ne nous ayant paru évidente qu'après le tirage de la première feuille, nous nous voyons forcé de nous faire imprimer à la fin de la brochure, pour donner quelques détails succincts, mais utiles, sur les trois gravures que nous livrons.

La première de ces vues représente la ville de Barcelonne, prise de la mer, telle qu'elle était en 1697. Des explications des principaux points de la ville sont inscrites et numérotées sur la planche.

La deuxième gravure donne la marche des troupes des deux nations, dans la partie de la Catalogne que le duc de Vendôme parcourait avant d'arriver à Barcelonne. Sur la même planche se trouve une vignette du combat de San-Saloni. Sur cette carte les divers campements de l'armée du roi d'Espagne sont marquées par des escadrons à cheval, tandis que les Français sont présentés sur deux lignes, l'artillerie dans les intervalles et la cavalerie en arrière et sur les flancs. Les deux sabres la pointe en haut, croisés sous les drapeaux de France, indiquent les engagements heureux pour les troupes de Louis XIV.

La troisième gravure est le plan de l'attaque par terre et par mer, le campement français, les tranchées, les boyaux d'approche, les parallèles, les batteries, l'attaque du chemin couvert et des bastions de la Porte neuve. Comme dans la planche précédente, les combats sont marqués par des sabres et des drapeaux. L'entrevue des généraux se voit au couvent du Jésus.

Les cartes, plans et vues sont tirés des vieilles gravures de l'époque ; mais les albums de de Fer, ingénieur, nous ont servi plus que les autres.

Et maintenant que notre part de collaboration est achevée, espérons que notre travail sera bien reçu des personnes qui le verront et que le souvenir du passé glorieux de leurs ancêtres leur fera toujours battre le cœur.

Bordeaux, le 13 Avril 1865.

Bon DE MARQUESSAC.